Libro de Finanzas Personales

Alejandro Rivera

/ Alejandro Rivera /

Presupuesto Personal

El presupuesto personal es una herramienta crucial para administrar óptimamente las finanzas individuales. Implica la planificación detallada de ingresos y gastos durante un período específico, generalmente mensual. Los ingresos deben ser identificados, incluyendo salarios, honorarios y cualquier entrada adicional, con la consideración de impuestos y deducciones para calcular el ingreso neto real.

En cuanto a los gastos, se deben priorizar las necesidades básicas, como vivienda, alimentación, transporte y servicios públicos. Además, se asigna un porcentaje para gastos discrecionales, como entretenimiento, restaurantes y compras. Es crucial destinar parte de los ingresos al ahorro y gestionar pagos de deudas, como préstamos y tarjetas de crédito.

La creación del presupuesto implica un registro detallado de cada ingreso y gasto, así como la definición de metas financieras a corto y largo plazo, como ahorros o inversiones futuras. Ajustar el presupuesto según las necesidades y cambios en los ingresos o gastos es esencial para mantener su realismo y alcanzar metas financieras.

El monitoreo constante del presupuesto es clave. Se debe realizar una revisión periódica para evaluar el progreso hacia las metas financieras y realizar ajustes según sea necesario. Consejos prácticos incluyen priorizar necesidades sobre deseos, establecer un fondo de emergencia, evitar deudas innecesarias y utilizar herramientas y aplicaciones para el seguimiento y control. En resumen, un presupuesto personal bien estructurado es esencial para mantener un equilibrio financiero saludable y trabajar hacia metas financieras específicas.

El presupuesto personal constituye una herramienta esencial en la gestión financiera individual, ofreciendo una visión organizada y planificada de los ingresos y gastos. En su creación, es fundamental identificar todas las fuentes de ingresos, que van más allá de los salarios, incluyendo ingresos adicionales como bonificaciones, regalías o cualquier otra entrada financiera. Calcular los ingresos netos, después de impuestos y deducciones, proporciona una base precisa para la planificación financiera.

Los gastos, por otro lado, deben ser cuidadosamente categorizados. Las necesidades básicas, como vivienda, alimentación y servicios públicos, deben recibir prioridad. La asignación de recursos para gastos discrecionales, como entretenimiento y ocio, se realiza con el objetivo de equilibrar la vida financiera. Asimismo, dedicar una parte de los ingresos al ahorro es crucial para crear un colchón financiero y prepararse para emergencias.

La creación de metas financieras específicas constituye otro componente esencial del presupuesto personal. Establecer objetivos a corto y largo plazo, ya sea para la compra de una casa, la educación de los hijos o la jubilación, proporciona un marco claro para la asignación de recursos. Además, la flexibilidad del presupuesto permite realizar ajustes conforme cambian las circunstancias, como cambios en los ingresos, gastos imprevistos o nuevas metas financieras.

El monitoreo constante del presupuesto es clave para su efectividad. Revisar periódicamente los resultados permite evaluar el progreso hacia las metas financieras y realizar ajustes según sea necesario. Además, la educación financiera continua es esencial para mejorar la comprensión de la gestión del dinero y tomar decisiones informadas.

En resumen, el presupuesto personal no solo es una herramienta práctica para la asignación eficiente de recursos, sino también un medio para cultivar la responsabilidad financiera y trabajar hacia metas financieras significativas.

Ahorro e Inversión

El ahorro e inversión son dos aspectos fundamentales en la gestión financiera personal, cada uno con sus propios objetivos y estrategias. El ahorro es el proceso de reservar una parte de los ingresos para su uso futuro, ya sea para afrontar emergencias, alcanzar metas a corto plazo o construir un fondo para la jubilación. Esta práctica proporciona seguridad financiera y flexibilidad, permitiendo hacer frente a gastos imprevistos sin recurrir a deudas y facilitando la consecución de objetivos planificados.

La inversión, por otro lado, implica poner el dinero a trabajar para generar rendimientos a lo largo del tiempo. A diferencia del ahorro, que generalmente se mantiene en cuentas de ahorro con bajos rendimientos, la inversión busca mayores retornos a través de la participación en instrumentos financieros como acciones, bonos, bienes raíces o fondos mutuos. El objetivo principal de invertir es hacer crecer el capital a lo largo del tiempo y superar la inflación para preservar y aumentar el poder adquisitivo.

Es esencial reconocer que tanto el ahorro como la inversión desempeñan roles complementarios en una estrategia financiera sólida. El ahorro proporciona estabilidad y liquidez inmediata, mientras que la inversión ofrece la oportunidad de generar mayores rendimientos, aunque con un nivel de riesgo asociado. La diversificación, o la distribución de los recursos en diferentes clases de activos, es una estrategia común para equilibrar el riesgo y la rentabilidad en el ámbito de la inversión.

La planificación financiera exitosa implica cuánto determinará el destino del ahorro y la inversión, según las metas y el horizonte temporal. Un enfoque equilibrado que combine el ahorro para necesidades inmediatas con la inversión para objetivos a largo plazo contribuye a construir una base financiera sólida. Además, la educación financiera continua es esencial para comprender los diversos vehículos de inversión disponibles y tomar decisiones informadas que se alinean con los objetivos financieros personales. En resumen, integrar mejoradamente el ahorro y la inversión en la planificación financiera personal es clave para alcanzar la estabilidad financiera y el crecimiento a largo plazo.

El ahorro y la inversión representan dos pilares fundamentales en la gestión financiera, cada uno desempeñando roles específicos en la construcción de la salud financiera y la consecución de metas a largo plazo. El ahorro, en su esencia más básica, implica reservar una porción de los ingresos para su uso futuro. Este acto de precaución financiera proporciona una red de seguridad frente a imprevistos y ayuda a mantener la estabilidad económica. Además, el ahorro permite afrontar metas a corto plazo, como la adquisición de bienes o la realización de viajes, sin incurrir en deudas significativas.

Por otro lado, la inversión se adentra en el mundo de la generación de rendimientos a través del despliegue de fondos en diferentes vehículos financieros. Las inversiones van más allá de la simple acumulación de dinero y buscan incrementar el capital a lo largo del tiempo. Acciones, bonos, bienes raíces y fondos mutuos son solo algunas de las opciones disponibles para aquellos que buscan rendimientos más sustanciales que los ofrecidos por las cuentas de ahorro tradicionales. La inversión, sin embargo, conlleva cierto grado de riesgo, ya que los mercados financieros pueden ser volátiles.

En la planificación financiera integral, encontrar el equilibrio adecuado entre el ahorro y la inversión es esencial. El ahorro proporciona una base sólida, asegurando la disponibilidad de recursos líquidos para emergencias y necesidades a corto plazo. Por otro lado, la inversión permite hacer crecer el patrimonio y combatir los efectos erosivos de la inflación a lo largo del tiempo. La diversificación de las inversiones, distribuyendo los fondos en diferentes clases de activos, es una estrategia clave para mitigar riesgos.

En conclusión, el ahorro y la inversión, aunque distintos en su enfoque, colaboran armoniosamente en la construcción de un futuro financiero robusto. La combinación inteligente de ahorros para la estabilidad inmediata y la inversión para el crecimiento a largo plazo constituye una estrategia sólida. La comprensión de las metas financieras personales, la tolerancia al riesgo y la educación continua son factores críticos para tomar decisiones informadas y alcanzar el éxito financiero a lo largo de la vida.

Reducción de Deuda

La reducción de deuda es un componente esencial en la gestión financiera responsable y el camino hacia la estabilidad económica a largo plazo. Este proceso implica la disminución progresiva del monto adeudado, ya sea en forma de préstamos, tarjetas de crédito u otras obligaciones financieras. Abordar la deuda de manera sistemática no solo alivia la carga financiera presente, sino que también contribuye a liberar recursos para otras prioridades, como el ahorro y la inversión.

El primer paso en la reducción de deuda es comprender y listar todas las obligaciones financieras existentes. Esto incluye préstamos estudiantiles, hipotecas, saldos de tarjetas de crédito y cualquier otra deuda pendiente. Una vez identificadas, se pueden evaluar las tasas de interés asociadas a cada deuda, lo que permite priorizar aquellas con tasas más altas, maximizando así el impacto de los esfuerzos de reducción.

El desarrollo de un plan de pago estructurado es clave en el proceso de reducción de deuda. Este plan podría seguir diferentes estrategias, como el método de la "bola de nieve" (abordando primero las deudas más pequeñas) o el enfoque de la "tasa de interés más alta primero" (atendiendo a las deudas con tasas de interés más elevadas) . Consolidar deudas o renegociar tasas de interés con los prestamistas también puede ser una opción, dependiendo de la situación financiera y la viabilidad.

Además, es fundamental establecer un presupuesto sólido que permita destinar fondos específicos para la reducción de deuda. Redefinir prioridades y realizar ajustes en el estilo de vida para canalizar más recursos hacia el pago de deudas contribuye significativamente al éxito de este proceso. Mantener la disciplina financiera y evitar la acumulación de nuevas deudas son prácticas esenciales para asegurar un progreso constante en la reducción de la carga financiera.

La reducción de deuda no solo tiene beneficios a corto plazo, como la mejora de la liquidez y la reducción del estrés financiero, sino que también sienta las bases para una salud financiera a largo plazo. A medida que las deudas disminuyen, se liberan recursos para otros objetivos financieros, como el ahorro para la jubilación, la educación o la inversión. Además, la mejora en el historial crediticio puede tener efectos positivos en la capacidad de obtener tasas de interés favorables en el futuro.

Reducir la deuda es un proceso financiero clave para liberarse de cargas económicas significativas y avanzar hacia una estabilidad financiera duradera. Este objetivo implica la evaluación cuidadosa de las obligaciones financieras, incluyendo préstamos, tarjetas de crédito y otras deudas pendientes. Comprender la naturaleza de cada deuda y sus términos, así como identificar patrones de gasto que contribuyen a la acumulación de deudas, son pasos esenciales en el proceso de reducción.

Un aspecto central de la reducción de deuda es la negociación con los prestamistas para mejorar los términos del préstamo. Esto podría incluir la posibilidad de consolidar deudas para simplificar los pagos o buscar acuerdos para reducir las tasas de interés. Muchos prestamistas están dispuestos a colaborar con los deudores para facilitar el proceso de pago y evitar la morosidad.

Además, la creación de un presupuesto detallado se convierte en una herramienta fundamental en la gestión de las finanzas durante la reducción de deuda. Establecer metas claras, asignar porciones específicas del ingreso para el pago de deudas y monitorear continuamente el progreso son prácticas efectivas. La disciplina financiera, como evitar gastos innecesarios y mantener un estilo de vida ajustado, se vuelve crucial para liberar recursos adicionales para el pago de deudas.

La exploración de fuentes de ingresos adicionales puede acelerar el proceso de reducción de deuda. Considerar oportunidades de ingresos complementarios, como trabajos a tiempo parcial, freelancing o ventas de artículos no deseados, puede generar fondos adicionales para abordar las obligaciones financieras de manera más eficiente.

Es importante destacar que la reducción de deuda no solo implica la eliminación de saldos pendientes, sino también la adopción de hábitos financieros saludables a largo plazo. Desarrollar una mentalidad de gasto responsable y aprender a vivir dentro de los límites de los ingresos disponibles son lecciones valiosas que perduran mucho después de haber liquidado las deudas.

En resumen, la reducción de deuda va más allá de simplemente pagar lo que se debe. Requiere una evaluación completa de las finanzas personales, la negociación activa con los prestamistas, la adopción de hábitos de gasto conscientes y la dedicación a un plan de pago estructurado. Al lograr este equilibrio, los individuos pueden no solo liberarse de la carga financiera, sino también sentar las bases para un futuro económico más sólido y libre de deudas.

Planificación de Jubilación

La planificación de la jubilación es un proceso crucial que implica la preparación financiera y la toma de decisiones estratégicas para asegurar un retiro cómodo y seguro. Uno de los primeros pasos en este proceso es evaluar las metas personales para la jubilación. Esto implica considerar el estilo de vida deseado, los posibles gastos médicos y cualquier otro objetivo a largo plazo. Al tener una visión clara de las metas, se puede establecer un plan financiero sólido y realista.

La identificación y estimación de los ingresos de jubilación es otro aspecto clave de la planificación. Esto incluye evaluar las fuentes de ingresos, como la seguridad social, pensiones, ahorros personales y posibles ingresos provenientes de inversiones. Calcular cuánto se necesita para mantener el nivel de vida deseado durante la jubilación permite determinar la suficiencia de los recursos acumulados hasta ese momento.

La creación de un presupuesto específico para la jubilación es esencial. Este presupuesto debe contemplar tanto los gastos esenciales como los discrecionales, considerando posibles incrementos en los costos de atención médica y otras necesidades relacionadas con la edad. La planificación anticipada de los gastos de salud es particularmente crítica, ya que los costos médicos tienden a aumentar en la jubilación.

La diversificación de los activos de jubilación es una estrategia vital para mitigar riesgos y maximizar rendimientos. Invertir en una combinación de acciones, bonos y otros instrumentos financieros puede ayudar a equilibrar el riesgo y la rentabilidad a lo largo del tiempo. Además, ajustar la asignación de activos a medida que se acerca la jubilación para reducir la exposición al riesgo también es una práctica común.

El establecimiento de un fondo de emergencia específico para la jubilación es una precaución adicional que puede proporcionar seguridad financiera. Este fondo debe cubrir gastos imprevistos, como reparaciones en el hogar, gastos médicos inesperados o cualquier otro contratiempo financiero que pueda surgir durante la jubilación.

La planificación de la jubilación es un proceso dinámico que requiere revisión y ajuste periódico. Los cambios en las circunstancias personales, económicas y de salud pueden influir en la efectividad del plan original, por lo que la flexibilidad y adaptabilidad son fundamentales. Además, la educación continúa sobre temas financieros y las actualizaciones de las leyes y políticas de jubilación son esenciales para tomar decisiones informadas.

La planificación de la jubilación es un proceso que va más allá de las consideraciones puramente financieras, abordando también aspectos emocionales y de estilo de vida. En primer lugar, es esencial visualizar el tipo de vida que se desea llevar durante la jubilación. Esto incluye la elección de un posible lugar de residencia, las actividades de tiempo libre y cualquier proyecto o viaje que se desee emprender. La jubilación no solo implica el cese de la actividad laboral, sino también la oportunidad de explorar nuevas pasiones y disfrutar de una vida más plena.

La salud juega un papel crucial en la planificación de la jubilación. Considerar la atención médica, tanto en términos de cobertura como de posibles costos, es fundamental. La elección de un plan de salud adecuado y la estimación de gastos médicos futuros son aspectos clave para garantizar una jubilación tranquila y saludable. Además, adoptar hábitos de vida saludables desde antes de la jubilación puede tener un impacto significativo en la calidad de vida posterior.

La planificación sucesoria es otro componente importante. Garantizar que los documentos legales, como testamentos y poderes notariales, estén en orden es esencial para proteger los activos y facilitar la transición de la riqueza a las generaciones futuras. Esto también incluye consideraciones sobre la distribución de los activos y la minimización de impuestos, asegurando una transición suave y efectiva.

La participación en actividades educativas y de desarrollo personal durante la jubilación es una tendencia creciente. Muchas personas eligen seguir aprendiendo y contribuyendo a la comunidad a través del voluntariado, la mentoría o la participación en cursos y talleres. Este enfoque no solo enriquece la vida personal, sino que también puede tener beneficios positivos para la salud mental y emocional durante la jubilación.

La planificación de la jubilación también debe abordar la gestión del tiempo libre de manera significativa. Mantener una estructura y establecer rutinas diarias contribuyentes a una transición más suave hacia la jubilación. Además, la exploración de pasatiempos, el compromiso social y la participación en actividades recreativas pueden llenar el tiempo libre con experiencias enriquecedoras y satisfactorias.

En resumen, la planificación de la jubilación es un proceso multidimensional que abarca aspectos financieros, de salud, sucesorios y de estilo de vida. Al considerar todos estos elementos, los individuos pueden crear un plan de jubilación completo y holístico que no solo asegure la estabilidad financiera, sino también una jubilación llena de propósito, salud y satisfacción personal.

Seguros Personales

Los seguros personales desempeñan un papel esencial en la gestión financiera y la protección del bienestar individual. Uno de los seguros más fundamentales es el seguro de vida, diseñado para proporcionar apoyo financiero a los beneficiarios en caso de fallecimiento del asegurado. Este tipo de seguro puede ayudar a cubrir gastos como préstamos, hipotecas o gastos educativos, asegurando que los seres queridos no enfrenten dificultades económicas en un momento emocionalmente difícil.

Otro aspecto importante de los seguros personales es el seguro de salud. Este tipo de póliza proporciona cobertura para gastos médicos, incluyendo consultas médicas, hospitalización, medicamentos y procedimientos médicos. Con el aumento de los costos de atención médica, el seguro de salud se ha vuelto crucial para proteger los activos financieros de los individuos y garantizar el acceso a servicios médicos de calidad.

El seguro de discapacidad es otra forma de protección personal que merece atención. En caso de que una lesión o enfermedad impida a una persona trabajar, el seguro de discapacidad proporciona un reemplazo de ingresos para ayudar a cubrir gastos diarios y médicos. Esta forma de seguro ofrece una red de seguridad financiera importante, especialmente cuando los ingresos laborales son un componente vital para el sustento.

El seguro de automóviles es obligatorio en muchos lugares y proporciona cobertura en caso de accidentes o daños al vehículo. Además de cumplir con requisitos legales, el seguro de automóviles ofrece protección financiera en situaciones imprevistas, cubriendo los costos de reparación o reemplazo del vehículo, así como los gastos médicos asociados con accidentes de tráfico.

La planificación patrimonial también incluye seguros personales, como el seguro de hogar. Este tipo de póliza protege la vivienda y sus contenidos contra pérdidas y daños causados por eventos como incendios, inundaciones o robos. Además, puede incluir responsabilidad civil, cubriendo lesiones o daños a terceros dentro de la propiedad.

La elección de seguros personales debe basarse en la evaluación cuidadosa de las necesidades individuales y familiares. Los profesionales del seguro pueden brindar asesoramiento personalizado para determinar el nivel adecuado de cobertura y seleccionar las pólizas que mejor se adaptan a las circunstancias particulares. Además, la revisión periódica de las pólizas es esencial para asegurar de que la cobertura se ajuste a cambios en la vida, como matrimonios, nacimientos o adquisición de propiedades.

La variedad de seguros personales disponibles abarca diversas áreas de la vida cotidiana y ofrece protección frente a situaciones imprevistas. Uno de los seguros más relevantes es el seguro de responsabilidad civil, que cubre daños causados a terceros en caso de accidentes o lesiones en los que el asegurado sea considerado responsable. Este tipo de seguro es esencial para proteger los activos personales y evitar consecuencias financieras devastadoras en casos de demandas legales.

El seguro de viaje es otra categoría importante que brinda cobertura durante los desplazamientos. Incluye compensaciones por cancelaciones, interrupciones del viaje, pérdida de equipaje y gastos médicos en el extranjero. Esta forma de seguro proporciona tranquilidad a los viajeros y sirve como salvaguarda financiera ante imprevistos que puedan surgir durante el viaje.

El seguro de ingresos, también conocido como seguro de incapacidad o ingreso por enfermedad, ofrece protección en situaciones en las que una persona no puede trabajar debido a enfermedad o lesión. Proporciona beneficios que reemplazan los ingresos perdidos durante el período de incapacidad, asegurando la estabilidad financiera incluso cuando la capacidad para generar ingresos se ve afectada.

Para quienes tienen deudas considerables, el seguro de pago de deudas o el seguro de protección de pagos puede ser una opción valiosa. Este tipo de póliza cubre los pagos de préstamos, tarjetas de crédito u otras obligaciones en caso de pérdida de empleo, discapacidad o fallecimiento. Proporciona una red de seguridad financiera para evitar la carga de las deudas pendientes en circunstancias difíciles.

El seguro de cuidados a largo plazo es otro componente relevante, especialmente para la planificación financiera en la jubilación. Este tipo de seguro cubre los costos asociados con cuidados a largo plazo en el hogar, en una instalación de cuidados a largo plazo o mediante servicios de atención médica en caso de enfermedad crónica o discapacidad. Ayuda a preservar los ahorros y activos para el bienestar financiero durante la jubilación.

En la era digital, el seguro cibernético ha surgido como una protección esencial. Brinda cobertura contra pérdida de datos, robo de identidad y otros riesgos relacionados con la seguridad cibernética. A medida que la tecnología juega un papel cada vez más significativo en la vida cotidiana, el seguro cibernético se convierte en una herramienta vital para proteger la información personal y financiera.

En conclusión, los seguros personales no solo se limitan a proteger contra riesgos físicos, sino que abarcan una gama amplia de situaciones y contingencias. La selección de seguros personales debe adaptarse a las circunstancias individuales y objetivos financieros, proporcionando una red de seguridad en la vida cotidiana y ante eventos imprevistos.

Planificación Patrimonial

La planificación patrimonial es un proceso estratégico que busca gestionar y distribuir los activos y recursos de una persona de manera efectiva, asegurando la preservación y transmisión adecuada de la riqueza a lo largo del tiempo. Este proceso implica una evaluación minuciosa de los activos, pasivos, ingresos y objetivos financieros, con el objetivo de diseñar un plan integral que refleje las intenciones del individuo respecto a su patrimonio.

Un componente central de la planificación patrimonial es la creación de un testamento. Este documento legal es esencial para expresar claramente cómo se deben distribuir los activos después del fallecimiento. Además, designa tutores para menores, establece fideicomisos y puede incluir instrucciones sobre cuestiones médicas y de atención en caso de incapacidad. El testamento es una herramienta vital para garantizar que los deseos del individuo se cumplan y que la transición de la riqueza sea suave.

Los fideicomisos también juegan un papel destacado en la planificación patrimonial. Estos instrumentos legales permiten al individuo transferir activos a un fiduciario para su administración y distribución según las especificaciones establecidas. Los fideicomisos pueden ofrecer beneficios como la reducción de impuestos, la protección de activos y la asignación controlada de recursos a lo largo del tiempo, brindando flexibilidad y seguridad a la planificación patrimonial.

La planificación patrimonial no se limita a la distribución de activos después del fallecimiento; También aborda estrategias para minimizar las obligaciones fiscales. La anticipación y mitigación de impuestos son aspectos críticos de este proceso, y puede incluir la utilización de exenciones fiscales, donaciones caritativas y la implementación de estructuras fiscales eficientes, como fideicomisos irrevocables.

El seguro de vida se convierte en una herramienta clave en la planificación patrimonial. Además de proporcionar beneficios para los beneficiarios después del fallecimiento, el seguro de vida puede ayudar a cubrir los impuestos sobre el patrimonio y brindar liquidez para cubrir gastos finales y deudas. La elección adecuada de la póliza de seguro de vida y su integración efectiva en la estrategia de planificación patrimonial pueden marcar una diferencia significativa en la preservación del patrimonio.

El proceso de planificación patrimonial debe ser revisado y ajustado a lo largo del tiempo para reflejar cambios en la situación financiera y familiar, así como modificaciones en las leyes y regulaciones fiscales. La vida está llena de cambios, como matrimonios, nacimientos, divorcios o cambios significativos en la situación económica, y la planificación patrimonial debe ser lo suficientemente flexible como para adaptarse a estas circunstancias cambiantes.

La planificación patrimonial es un proceso integral que va más allá de la mera distribución de activos y busca asegurar la sostenibilidad, el crecimiento y la protección del patrimonio a lo largo de las generaciones. En este contexto, la diversificación de activos emerge como un principio fundamental. La distribución estratégica de inversiones en diversas clases de activos, como bonos, bienes raíces y otros vehículos financieros, no solo busca optimizar los rendimientos, sino también mitigar los riesgos asociados a la volatilidad del mercado, asegurando así la estabilidad del patrimonio familiar.

La educación financiera y la preparación de las futuras generaciones para la gestión del patrimonio son elementos esenciales en la planificación patrimonial. Esto implica impartir conocimientos financieros, inculcar valores relacionados con la responsabilidad fiscal y fomentar una comprensión sólida de la gestión financiera. La creación de estructuras educativas y la participación activa de los herederos en la toma de decisiones financieras contribuyen a preservar y fortalecer el patrimonio a lo largo del tiempo.

La planificación patrimonial también aborda cuestiones relacionadas con la protección contra posibles contingencias legales y financieras. La creación de estructuras legales, como sociedades familiares, fideicomisos y acuerdos prenupciales, puede proporcionar protección contra disputas familiares, divorcios y otros eventos imprevistos. Estas medidas no solo resguardan el patrimonio de manera legal, sino que también establecen protocolos claros para la toma de decisiones y la gestión de activos.

El impacto social y filantrópico se ha vuelto una consideración creciente en la planificación patrimonial. Muchas personas optan por integrar estrategias filantrópicas en sus planos patrimoniales, estableciendo fundaciones, donaciones caritativas o fideicomisos benéficos. Estas iniciativas no solo permiten contribuir a causas significativas, sino que también pueden generar beneficios fiscales y transmitir valores familiares a través de generaciones.

Además, la planificación patrimonial puede incluir estrategias para la sucesión en empresas familiares. Este proceso implica la transición exitosa del liderazgo y la propiedad de la empresa a las generaciones futuras. La identificación y preparación de sucesores, la implementación de estructuras de gobierno corporativo y la consideración de estrategias de salida son aspectos clave para garantizar la continuidad y prosperidad de la empresa familiar.

En resumen, la planificación patrimonial va más allá de la simple distribución de activos y aborda aspectos cruciales como la diversificación de inversiones, la educación financiera, la protección legal, el impacto social y la sucesión en empresas familiares. Al adoptar un enfoque holístico, las estrategias de planificación patrimonial pueden proporcionar estabilidad y sostenibilidad a través de las generaciones, construyendo un legado duradero que trasciende el ámbito financiero.

Fuentes adicionales de ingresos

La búsqueda de fuentes adicionales de ingresos es una estrategia clave en la gestión financiera personal que puede proporcionar estabilidad económica y mejorar la calidad de vida. Una de las opciones más comunes es la generación de ingresos adicionales a través de trabajos secundarios o empleos a tiempo parcial. Este enfoque no solo aporta ingresos adicionales, sino que también diversifica las fuentes de ganancias, reduciendo la dependencia de un solo empleador y fortaleciendo la seguridad financiera. Además, el trabajo a tiempo parcial puede adaptarse a diversos talentos y habilidades, permitiendo a las personas capitalizar sus fortalezas y explorar nuevas áreas de interés.

La inversión es otra vía significativa para generar ingresos adicionales. La colocación de dinero en instrumentos financieros, como acciones, bonos, bienes raíces o fondos mutuos, puede generar rendimientos y contribuir al crecimiento del capital. La diversificación de inversiones es crucial para mitigar riesgos y optimizar los resultados a lo largo del tiempo. La inversión no solo ofrece la posibilidad de ingresos pasivos, sino que también facilita la acumulación de riqueza y la construcción de un patrimonio a largo plazo.

El emprendimiento y la creación de un negocio propio representan una opción atractiva para aquellos que buscan fuentes adicionales de ingresos. Ya sea a través de la creación de una empresa en línea, la prestación de servicios freelance o el lanzamiento de un negocio tradicional, el emprendimiento proporciona la oportunidad de capitalizar las habilidades individuales y satisfacer las necesidades del mercado. Aunque implica un mayor riesgo, también ofrece un potencial significativo de recompensas financieras y la libertad de controlar la propia trayectoria profesional.

La economía gig, o gig Economy, ha surgido como una fuente flexible de ingresos adicionales para muchas personas. Trabajos independientes, como para conducir servicios de transporte compartido, realizar tareas a través de plataformas de trabajadores independientes, o brindar servicios de consultoría en línea, permiten a las personas aprovechar sus habilidades y generar ingresos de manera autónoma. Esta forma de trabajo ofrece flexibilidad en términos de horarios y ubicación, lo que puede ser especialmente atractivo para aquellos que buscan equilibrar múltiples responsabilidades.

El desarrollo de habilidades adicionales también puede convertirse en una fuente de ingresos. La formación y certificación en áreas específicas puede abrir oportunidades para consultoría, tutorías o enseñanza, generando ingresos a través de la transmisión de conocimientos. Plataformas en línea ofrecen numerosas oportunidades para enseñar o asesorar en diversos campos, convirtiendo el conocimiento y la experiencia en una fuente valiosa de ingresos.

La búsqueda de fuentes adicionales de ingresos es un componente fundamental en la gestión financiera contemporánea, especialmente en un entorno económico dinámico y cambiante. Una estrategia cada vez más relevante es la participación en la economía digital a través de plataformas de generación de ingresos en línea. Desde la creación y venta de productos artesanales en mercados en línea hasta la participación en programas de afiliados o la creación de contenido en plataformas de redes sociales, la economía digital ofrece diversas oportunidades para monetizar habilidades y pasiones. Esta tendencia refleja la creciente importancia de la presencia en línea y la capacidad de capitalizar la conectividad global para generar ingresos adicionales.

La propiedad intelectual también se ha convertido en una fuente significativa de ingresos para muchos individuos creativos. La creación y venta de contenido digital, como libros electrónicos, música, fotografías o cursos en línea, permite a los creadores monetizar su talento de manera directa. Plataformas especializadas facilitan la distribución y comercialización de estos activos intangibles, abriendo nuevas vías para la generación de ingresos sin depender de estructuras tradicionales de publicación o distribución.

La participación en programas de recompensas y lealtad se ha vuelto una estrategia popular para acumular ingresos adicionales y beneficios. Muchas compañías ofrecen programas que recompensan la fidelidad del cliente con puntos, descuentos o incluso efectivo. Estos programas pueden extenderse desde tarjetas de crédito con recompensas hasta aplicaciones que ofrecen descuentos por compras, brindando oportunidades para obtener beneficios adicionales simplemente al realizar transacciones diarias.

La economía colaborativa ha transformado la forma en que las personas acceden a bienes y servicios, al mismo tiempo que brinda oportunidades para generar ingresos adicionales. Plataformas de alquiler de propiedades, servicios de transporte compartido o la participación en tareas y proyectos puntuales a través de aplicaciones específicas ofrecen a las personas la posibilidad de utilizar sus recursos de manera eficiente y generar ingresos sin la necesidad de un empleo a tiempo completo.

Por último, la inversión en criptomonedas y tecnologías emergentes ha surgido como una alternativa atractiva para aquellos interesados en explorar oportunidades financieras innovadoras. La adquisición y gestión de criptoactivos, así como la participación en proyectos de tecnología blockchain, pueden ofrecer rendimientos significativos, aunque con un mayor nivel de riesgo. Esta forma de inversión representa un cambio en la concepción tradicional de activos financieros y destaca la importancia de estar al tanto de las tendencias financieras emergentes.

En resumen, la diversificación de fuentes de ingresos va más allá de las estrategias convencionales e implica adaptarse a las oportunidades que ofrece la economía digital, la propiedad intelectual, los programas de recompensas, la economía colaborativa y las nuevas formas de inversión. Al abrazar estas tendencias y explorar diversas fuentes de ingresos, las personas pueden no solo mejorar su estabilidad financiera, sino también participar en un paisaje económico en constante evolución.

Planificación Fiscal

La planificación fiscal es una disciplina esencial en la gestión financiera que busca optimizar la carga tributaria de manera legal y ética. Este proceso implica la anticipación y estructuración de las decisiones financieras para reducir al mínimo los impuestos pagados por un individuo o entidad. La planificación fiscal no se limita a la simple presentación de declaraciones de impuestos, sino que abarca estrategias a largo plazo para maximizar los beneficios fiscales y asegurar una gestión financiera eficiente.

Un aspecto clave de la planificación fiscal es la evaluación de las estructuras fiscales disponibles y la elección de la más adecuada según las circunstancias individuales. Esto puede incluir decisiones sobre la forma legal de propiedad, la selección de tipos de cuentas de inversión, la estructuración de ingresos y la planificación sucesoria. La elección acertada de estas estructuras puede tener un impacto significativo en la carga tributaria total a lo largo del tiempo.

La gestión de ingresos y deducciones es otro componente esencial en la planificación fiscal. Esto implica tomar decisiones informadas sobre el momento de ingresos significativos, como bonificaciones o venta de activos, para minimizar las obligaciones fiscales. Al mismo tiempo, la identificación y aprovechamiento de deducciones fiscales legítimas pueden reducir el ingreso gravable, contribuyendo así a la optimización de la factura tributaria.

La diversificación de inversiones también juega un papel importante en la planificación fiscal. La asignación de activos a través de diversas categorías de inversiones puede proporcionar beneficios fiscales al aprovechar tratamientos impositivos favorables. Estrategias como la pérdida fiscal, donde las pérdidas en inversiones pueden compensar las ganancias, son herramientas comunes en la planificación fiscal de inversiones.

La planificación fiscal se ve profundamente influenciada por las regulaciones fiscales vigentes. Por lo tanto, estar al tanto de cambios en las leyes fiscales y comprender su impacto en las finanzas personales o empresariales es crucial. La adaptabilidad a modificaciones en las políticas tributarias permite ajustar estrategias de planificación fiscal para maximizar beneficios y mitigar riesgos en un entorno fiscal dinámico.

La planificación fiscal también abarca la gestión de activos y herencias para minimizar los impuestos sobre el patrimonio y facilitar la transición de riqueza a generaciones futuras de manera eficiente. La utilización de instrumentos legales como fideicomisos, donaciones y estructuras sucesorias puede contribuir a preservar la riqueza familiar y reducir las consecuencias fiscales asociadas con la transmisión de activos.

La planificación fiscal, en una perspectiva empresarial, abarca estrategias específicas destinadas a optimizar la carga tributaria de una organización. Una táctica común en este ámbito es la planificación fiscal internacional, que implica la gestión de las obligaciones fiscales en múltiples jurisdicciones. Las empresas multinacionales, por ejemplo, pueden buscar ubicar sus operaciones y estructuras de manera estratégica para beneficiar de regímenes fiscales favorables y reducir la exposición a tasas impositivas elevadas. Esta estrategia puede incluir la selección de ubicaciones para oficinas o centros de producción, la gestión de transferencias de precios y la utilización de acuerdos fiscales bilaterales para optimizar la eficiencia fiscal global de la empresa.

La gestión de créditos fiscales es otro componente esencial en la planificación fiscal corporativa. Las empresas pueden identificar y aprovechar créditos fiscales disponibles, que pueden incluir incentivos para la investigación y desarrollo, energías renovables o contratación de empleados en ciertas áreas geográficas. La optimización de estos créditos fiscales no solo contribuye a reducir la factura tributaria, sino que también puede fomentar la inversión en áreas específicas de la empresa que generan beneficios tanto económicos como fiscales.

La estructuración de operaciones comerciales también es una estrategia clave en la planificación fiscal. La elección de la forma legal de una empresa, ya sea como sociedad anónima, sociedad de responsabilidad limitada o entidad de tipo passthrough, puede tener implicaciones significativas en términos de obligaciones fiscales y responsabilidad legal. La planificación cuidadosa de la estructura empresarial puede permitir a las empresas aprovechar las ventajas fiscales y operativas propias de cada forma legal, contribuyendo así a la eficiencia y competitividad del negocio.

Además, la gestión de pérdidas fiscales es una táctica importante en la planificación fiscal corporativa. Las empresas pueden utilizar pérdidas netas de un año para compensar ganancias en años subsiguientes, reduciendo así la carga tributaria en el tiempo. Esta estrategia permite a las empresas suavizar las fluctuaciones en sus ingresos y gastos, contribuyendo a la estabilidad financiera a lo largo de los ciclos económicos.

En conclusión, la planificación fiscal corporativa aborda consideraciones específicas que van más allá de las estrategias personales. La gestión de operaciones internacionales, la optimización de créditos fiscales, la estructuración empresarial y la gestión de pérdidas fiscales son elementos clave que pueden marcar la diferencia en la eficiencia fiscal y la competitividad de una empresa. La colaboración con profesionales fiscales especializados y la vigilancia constante de cambios en las leyes fiscales son prácticas esenciales para garantizar una planificación fiscal corporativa efectiva y conforme a las regulaciones vigentes.

Emergencias Financieras

La gestión de emergencias financieras es una habilidad crucial para salvar la estabilidad económica individual y familiar. Enfrentar imprevistos, como pérdida de empleo, gastos médicos inesperados o reparaciones importantes, puede generar estrés financiero si no se cuenta con una planificación adecuada. Una parte esencial de la preparación para emergencias es la creación de un fondo de emergencia. Este fondo, que debe ser equivalente a varios meses de gastos, actúa como un amortiguador financiero, proporcionando liquidez inmediata en situaciones de crisis y evitando el endeudamiento excesivo.

La diversificación de los riesgos también es clave en la gestión de emergencias financieras. Dependiendo de una sola fuente de ingresos o de un tipo específico de inversión puede aumentar la vulnerabilidad ante situaciones imprevistas. Diversificar fuentes de ingresos y mantener una cartera de inversiones equilibrada contribuye a reducir el impacto de las emergencias financieras, permitiendo una mayor flexibilidad y capacidad de recuperación.

La importancia del seguro en la gestión de emergencias no puede subestimarse. Contar con pólizas de seguro adecuadas, como seguro de salud, seguro de automóvil, seguro de propiedad y seguro de vida, puede proporcionar protección financiera en momentos críticos. Estas pólizas actúan como un escudo frente a gastos inesperados, garantizando que los costos asociados con eventos imprevistos no recaigan completamente en el patrimonio personal.

La planificación presupuestaria es otra herramienta esencial en la gestión de emergencias financieras. Mantener un presupuesto detallado y realista permite a las personas tener un panorama claro de sus ingresos y gastos, identificando áreas donde se pueden hacer ajustes en caso de una emergencia. La revisión periódica del presupuesto y la identificación de posibles áreas de ahorro son prácticas que fortalecen la capacidad de respuesta ante situaciones financieras imprevistas.

En situaciones de emergencia financiera, la comunicación y negociación con acreedores y proveedores de servicios puede ser fundamental. Muchas instituciones financieras ofrecen programas de asistencia en casos de dificultades económicas, como períodos de aplazamiento de pagos o renegociación de términos. Mantener una comunicación abierta sobre la situación financiera puede facilitar acuerdos temporales que alivien la presión mientras se trabaja en soluciones a largo plazo.

La gestión de emergencias financieras se convierte en un componente crucial cuando se enfrentan cambios económicos drásticos o eventos inesperados. La capacidad de adaptarse rápidamente a circunstancias imprevistas es esencial para mantener la estabilidad financiera. Un enfoque estratégico implica la identificación y priorización de gastos esenciales. Al distinguir entre necesidades y deseos, se puede establecer un plan para reducir gastos no esenciales y preservar recursos para afrontar situaciones de emergencia.

El establecimiento de metas financieras realistas también desempeña un papel importante en la gestión de emergencias. Definir objetivos financieros a corto y largo plazo, como la creación de un fondo de emergencia o la reducción de deudas, proporciona un marco para la toma de decisiones financieras. Estas metas actúan como guías durante períodos difíciles, manteniendo el enfoque en la estabilidad financiera a largo plazo.

La diversificación de ingresos se presenta como una estrategia eficaz en la gestión de emergencias. La creación de múltiples flujos de ingresos, ya sea a través de inversiones, trabajo independiente o actividades secundarias, puede proporcionar un colchón financiero adicional en momentos de incertidumbre. La adaptabilidad y la búsqueda de oportunidades adicionales para generar ingresos contribuyen a fortalecer la resiliencia financiera ante imprevistos.

La revisión y actualización periódica de la situación financiera personal es una práctica importante. Mantener registros precisos de ingresos, gastos, inversiones y deudas facilita la evaluación de la salud financiera. Esta transparencia financiera permite la identificación temprana de señales de alerta y la toma de medidas preventivas antes de que las situaciones de emergencia se agraven.

La negociación con instituciones financieras y acreedores es otra táctica útil en la gestión de emergencias. Ante dificultades económicas, muchas entidades están dispuestas a colaborar en la reestructuración de deudas o la extensión de plazos de pago. La comunicación abierta sobre las circunstancias financieras permite explorar opciones y acuerdos que aliviarán temporalmente la carga económica.

La educación financiera continua también juega un papel vital en la gestión de emergencias. La comprensión de conceptos como tasas de interés, inversiones y estrategias de ahorro proporciona herramientas valiosas para tomar decisiones informadas durante momentos económicos desafiantes. La capacitación financiera no solo contribuye a la toma de decisiones prudentes, sino que también mejora la confianza y la capacidad para abordar situaciones financieras complejas.

En resumen, la gestión de emergencias financieras implica una combinación de planificación estratégica, diversificación de ingresos, revisión constante de la situación financiera y habilidades educativas. La capacidad para adaptarse, establecer metas claras y mantener una mentalidad proactiva son elementos esenciales para superar obstáculos financieros inesperados y preservar la estabilidad económica a largo plazo.

/ Alejandro Rivera /

Influencia de la tecnología en las finanzas personales

La influencia de la tecnología en las finanzas personales ha sido profunda y transformadora, afectando la forma en que gestionamos, accedemos y tomamos decisiones sobre nuestros recursos financieros. Una de las principales contribuciones de la tecnología es la automatización de procesos financieros. Aplicaciones y plataformas en línea permiten la automatización de pagos, ahorros y presupuestos. Esto simplifica las tareas diarias, reduce la posibilidad de errores y proporciona una visión clara de los patrones de gasto, facilitando la toma de decisiones informadas.

La accesibilidad a la información financiera se ha ampliado significativamente gracias a la tecnología. Las aplicaciones móviles de banca proporcionan a los usuarios acceso instantáneo a sus cuentas desde cualquier lugar, permitiéndoles realizar transacciones, verificar saldos y monitorear gastos en tiempo real. Esta accesibilidad mejorada no solo agiliza las operaciones financieras, sino que también empodera a las personas al brindarles un mayor control y comprensión de sus finanzas personales.

La tecnología también ha revolucionado la inversión personal. Las plataformas de inversión en línea ofrecen a los individuos acceso a una amplia gama de instrumentos financieros, desde acciones y bonos hasta fondos de inversión y criptomonedas. La inteligencia artificial y los algoritmos avanzados facilitan la personalización de carteras de inversión y ofrecen recomendaciones basadas en análisis de datos en tiempo real. Esto permite a los inversores tomar decisiones más informadas y adaptar estrategias de inversión de manera dinámica.

La educación financiera también ha experimentado un cambio significativo gracias a la tecnología. Plataformas en línea ofrecen cursos, webinars y recursos interactivos que abordan temas desde la planificación del presupuesto hasta estrategias de inversión avanzadas. La accesibilidad a estos recursos contribuye a mejorar la alfabetización financiera de las personas, capacitándolas para tomar decisiones más informadas y efectivas en relación con sus finanzas personales.

El surgimiento de tecnologías de pagos digitales ha transformado la forma en que manejamos el dinero en el día a día. La adopción de billeteras electrónicas, tarjetas sin contacto y pagos a través de aplicaciones móviles ha reducido la dependencia del efectivo y ha agilizado las transacciones. Este cambio hacia métodos de pago digitales no solo es conveniente, sino que también contribuye a la seguridad financiera al reducir los riesgos asociados con el manejo de efectivo.

Sin embargo, la influencia de la tecnología en las finanzas personales también presenta desafíos y consideraciones éticas. La seguridad de los datos se convierte en una preocupación relevante, ya que la información financiera personal se almacena y transmite a través de plataformas en línea. La ciberseguridad se vuelve esencial para proteger los activos y la privacidad de los usuarios, lo que destaca la importancia de la conciencia y las prácticas de seguridad en el entorno digital.

La influencia de la tecnología en las finanzas personales se extiende también a la aparición de las fintech, empresas tecnológicas especializadas en servicios financieros. Estas innovadoras empresas han introducido soluciones disruptivas que desafiaban los modelos tradicionales de banca. Plataformas de préstamos peer-to-peer, asesoramiento financiero automatizado (robo-advisors) y servicios de gestión de patrimonio basados en algoritmos son ejemplos de cómo las fintech han diversificado y democratizado el acceso a servicios financieros, brindando opciones más flexibles y eficientes para los consumidores.

La tecnología blockchain y las criptomonedas han surgido como elementos clave en la transformación del panorama financiero. La descentralización y la seguridad inherentes a la tecnología blockchain han impulsado la creación de criptomonedas como Bitcoin y Ethereum, ofreciendo alternativas a las monedas tradicionales y planteando cuestionamientos sobre el futuro de las transacciones financieras y la gestión de activos. Aunque estas tecnologías aún se encuentran en una fase de adopción gradual, su potencial para alterar los paradigmas financieros es innegable.

La inteligencia artificial (IA) ha mejorado significativamente la personalización de servicios financieros. Los chatbots y asistentes virtuales utilizan la IA para interactuar con los usuarios, proporcionando respuestas instantáneas a consultas sobre cuentas, transacciones y recomendaciones de gastos. La automatización impulsada por la IA también se refleja en la emisión de préstamos y la toma de decisiones crediticias, agilizando procesos y ofreciendo respuestas más rápidas a las necesidades financieras de los individuos.

La realidad aumentada (RA) y la realidad virtual (RV) están comenzando a tener un impacto en la forma en que las personas gestionan sus finanzas. Estas tecnologías ofrecen experiencias inmersivas que pueden facilitar la visualización de datos financieros complejos. Desde la exploración virtual de propiedades inmobiliarias hasta la representación visual de carteras de inversión, la RA y la RV pueden proporcionar herramientas visuales poderosas para mejorar la comprensión y toma de decisiones en el ámbito financiero.

A pesar de los avances tecnológicos, la ética en la gestión de datos financieros y la privacidad sigue siendo una preocupación crítica. La recopilación masiva de datos por parte de empresas financieras y tecnológicas plantea cuestionamientos sobre cómo se utilizan y protegen dichos datos. La regulación y la implementación de medidas de seguridad robustas son elementos esenciales para garantizar la confianza y la integridad en el ámbito de las finanzas personales impulsadas por la tecnología.

En conclusión, la evolución tecnológica ha dado forma a un panorama financiero más dinámico y accesible para las personas. Desde las fintech hasta la blockchain, la inteligencia artificial y la realidad aumentada, la tecnología continúa ofreciendo nuevas posibilidades y desafíos en la gestión de las finanzas personales. La comprensión informada y la adaptabilidad son esenciales para aprovechar al máximo las oportunidades que la tecnología brinda en este ámbito en constante cambio.

Inclusión financiera

La inclusión financiera es un concepto fundamental que se centra en garantizar que todas las personas tengan acceso a servicios financieros financieros y adecuados para satisfacer sus necesidades. Este principio va más allá de simplemente tener una cuenta bancaria y abarca la disponibilidad de una amplia gama de servicios financieros, como créditos, seguros, pagos digitales y servicios de inversión. La falta de acceso a estos servicios puede ser una barrera significativa para el desarrollo económico y la mejora de la calidad de vida de las poblaciones marginadas o desfavorecidas.

Uno de los aspectos clave de la inclusión financiera es la superación de la brecha digital. En un mundo cada vez más digitalizado, el acceso a la tecnología y la conectividad se ha vuelto crucial para participar en la economía global. Garantizar que las personas tengan acceso a dispositivos móviles, servicios de Internet y educación tecnológica es esencial para integrar a aquellos que han estado históricamente excluidos del sistema financiero formal.

Las instituciones financieras juegan un papel vital en la promoción de la inclusión financiera. La creación de productos y servicios adaptados a las necesidades de las poblaciones no bancarizadas o subatendidas es esencial. Esto puede incluir cuentas de bajo costo, microcréditos, seguros enormes y soluciones de pagos digitales que se adaptan a las realidades económicas y culturales de comunidades específicas. Al abordar estas necesidades específicas, las instituciones financieras pueden fomentar la participación y la confianza en los servicios financieros.

Las tecnologías financieras, o fintech, han surgido como facilitadoras claves de la inclusión financiera. Plataformas de pagos móviles, aplicaciones de préstamos peer-to-peer y servicios de gestión financiera en línea han democratizado el acceso a servicios financieros, permitiendo que incluso aquellos sin historial crediticio tradicional participen en la economía de manera significativa. La agilidad y flexibilidad de las fintech son especialmente beneficiosas para llegar a poblaciones que se encuentran fuera del alcance de las instituciones financieras tradicionales.

La educación financiera también desempeña un papel crítico en la inclusión financiera. Asegurar que las personas comprendan los principios básicos de manejo del dinero, ahorro e inversión es esencial para capacitarlas en la toma de decisiones financieras informadas. Programas educativos y campañas de sensibilización pueden desempeñar un papel clave en este aspecto, empoderando a las personas para utilizar los servicios financieros de manera eficaz y sostenible.

La inclusión financiera no solo tiene beneficios individuales, sino que también contribuye al desarrollo económico sostenible. Al dar acceso a servicios financieros a un mayor número de personas, se fomenta la creación de empresas, la generación de empleo y la participación activa en la economía formal. Además, la inclusión financiera puede contribuir a reducir la desigualdad económica al proporcionar oportunidades equitativas para el crecimiento económico y la acumulación de riqueza.

La inclusión financiera es un paradigma que se centra en garantizar que todas las personas, independientemente de su nivel socioeconómico o ubicación geográfica, tengan acceso a servicios financieros que les permitan participar plenamente en la economía. Uno de los pilares fundamentales de la inclusión financiera es la creación de infraestructuras financieras sólidas, especialmente en regiones donde los servicios bancarios tradicionales son limitados. El establecimiento de sucursales bancarias, cajeros automáticos y servicios financieros móviles en áreas rurales o comunidades desatendidas es esencial para brindar acceso a servicios como depósitos, retiros y transferencias.

La incorporación de la inclusión financiera en las agendas gubernamentales y políticas también desempeña un papel crucial. Los marcos regulatorios y las iniciativas gubernamentales pueden facilitar la creación de entornos propicios para la inclusión financiera. Esto puede incluir la implementación de políticas que fomenten la competencia en el sector financiero, la reducción de barreras regulatorias para las instituciones financieras y la promoción de programas que faciliten el acceso a servicios financieros básicos.

La innovación en productos financieros también es un componente significativo de la inclusión financiera. El desarrollo de soluciones financieras adaptadas a las necesidades de poblaciones específicas, como microcréditos para emprendedores locales o seguros de aumento para comunidades de bajos ingresos, contribuye a cerrar las brechas financieras. La colaboración entre el sector privado, organizaciones no gubernamentales y gobiernos puede catalizar el desarrollo de productos financieros innovadores que abordan desafíos específicos en diversas comunidades.

La tecnología, particularmente la telefonía móvil, ha surgido como un catalizador esencial para la inclusión financiera. Los servicios financieros móviles permiten a las personas realizar transacciones, acceder a servicios bancarios y realizar pagos sin depender de la infraestructura bancaria tradicional. Esta capacidad para utilizar la tecnología para sortear las limitaciones geográficas y facilitar el acceso a servicios financieros ha sido un factor clave en la expansión de la inclusión financiera en todo el mundo.

La promoción de la inclusión financiera también se vincula estrechamente con la igualdad de género. Las mujeres, en muchas partes del mundo, han enfrentado barreras históricas adicionales para acceder a servicios financieros. Iniciativas que aborden estas disparidades, como la educación financiera específica para mujeres y programas de microfinanciamiento dirigidos a emprendedoras, son cruciales para garantizar una inclusión financiera equitativa.

En conclusión, la inclusión financiera no solo implica el acceso a servicios básicos, sino que abarca una gama de factores que van desde la infraestructura financiera hasta la innovación en productos y la igualdad de género. Al abordar estos aspectos de manera integral, se crea un entorno propicio para que todas las personas participen activamente en la economía y mejoren sus perspectivas económicas y sociales. La inclusión financiera, en última instancia, se erige como un pilar esencial para construir sociedades más equitativas y sostenibles.

/ Alejandro Rivera /